Rum en Roll 2023

Verken die Wêreld van Rum

Christopher Kubheka

inhoud

MALIBU PYNAPPEL 12
MALIBU RUM-BAL 13
MALIBU GROND 14
MALIBU SOMERREËN 15
MALIBU SUNTAN 16
MALIBU SOET SONDE 17
MALIBU TEQUILA PIESANG 18
MALIBU TROPIESE PIESANG SEX-A-PEEL 19
MALIBU TROPIESE BREEZE 20
TROPIESE ONTPLOFFING MALIBU 21
MALIBU TROPIESE OASIS 22
MALIBU TROPIESE SANGRIA 23
MALIBU TROPIESE SOUR 24
TROPIESE MALIBU STYG 25
MALIBU VANILLE PIESANG-TINI 26
MALIBU VANILLA DROOM 27
WANA SE MA 28
KONING MAMBO 29
Man eter 30
BAJITO MANGO 31
MANGO (OF KOEJAVA) DAIQUIRS. 32
BEVRORS DROOM MANGO 33
MADRAS MANGOS 34
SNY MANGOS 35
MANGO MAMBO 36

MANGO SPARKLER 37
MOJO DINSDAG 38
MARY PICKFORD 39
VERAL MIAMI 40
MILJOENêr 41
DIE MILJOENêr EN SY VROU 42
MISSIE VAN WAanzigheid 43
MO BAAI MARTINI 44
MOJITO (267 MANGO HANDTEKENINGE) 45
MOJITO (APPEL PEER) 46
MOJITO (BEE) 47
MOJITO (BERMUDA GOUD) 48
MOJITO (GROOT APPEL) 49
MOJITO (LIM BRINLEY) 50
MOJITO (COCO RUM) 51
MOJITO (KOMKOMMER) 52
MOJITO (gemmer) 53
MOJITO (DIE GROOT WATERLEMOEN) 54
MOJITO (SUURLEMOEN RUM) 55
MOJITO (LAE CAL BACARDI) 56
MOJITO (MALIBU MANGO) 57
MOJITO (MALIBU PASSIEVRUGTE) 58
MOJITO (MILJOENêr) 59
MOJITO (MALIBU NOCHE BLANCA) 60
MOJITO (O) 61
MOJITO (BACARDI ORIGINAL) 62
MOJITO (ROOI PERSE RUM) 63

MOJITO (SONNY'S)	64
MOJITO (SPICY)	65
MOJITO (TRADISIONELE/KUBAANS)	66
MOJITO (WATERKLUB)	67
MOJITO	68
MOJITO (WINTER)	69
MOJITO MARTINI	70
MA SE BLOED	71
SPESIALE AAP	72
AAPSLEUTEL	73
MONTEGO MARGARITA	74
MAANSEIL	75
DIE MORGANKANON	76
MORGAN SE JOLLY ROGER	77
MORGAN'S ROOI ROOI	78
MORGAN'S SPICED RUM ALEXANDER	79
MORGAN SE MAID	80
die knaende Mount Gay	81
MNR. LEK	82
MTB en gemmer	83
EK'S SO OPGEWONDE	84
MYERS SE APPELS	85
MYERS se hittegolf	86
MYERS SE POT	87
MYERS SE SUURLEMOEN DRUP	88
MYERS'S LOUNGE AKKEDIS	89
MYERS SE WARM TROPIESE RUM EN KAKAO	90

MYERS RUMBOTTEL	91
MYERS SE RUM GESIG	92
MYERS'S RUM VAKANSIEGROG	93
MYERS'S RUM VAKANSIENOG	94
MYERS SE RUM PUNCH PLANTER'S	95
MYERS SE RUM HAAIBYT	96
MYERS'S RUM SONSKYN KOKTAIL	97
MYERS SE SIZZLER	98
MYRTLE BANK PUNCH	99
MARINA GROG	100
NEON	101
NEWFOUNDLAND NIGHT-CAP	102
NILLA COLA	103
NINETINES	104
NUFF RUM	105
NYOTA (SWAHILI VIR STER)	106
OU BERMUDA	107
"EENGROOT" KOKSTAIL.	108
ORANJE WATERLEMOEN	109
ORANJE COLADA	110
OORSPRONKLIKE PIÑA COLADA	111
GOUD & SODA	112
ORO COSMO	113
ORO GIMLET	114
GOUD OP DIE ROTSE	115
DIE ANDER VROU	116
GOSLING SE ORANJESIDER MARTINI	117

DRUIWE PUNTS	118
SPRINKINNE	119
GRAFDELWERS	120
DIE GROOT WIT	121
DIE GROEN AAP	122
Die GROEN papegaai	123
GUAYAVITA	124
Gelukkige einde' GILLIGAN	125
HARDE HOED	126
HAVANA PIESANG FIZZ	127
HAVANA SYCAR	128
VERAL HAVANA	129
HAWAAISE MARGARITA	130
HAWAIAANSE HULA	131
HAWAIAANSE NAG	132
HAWAAISE PLANTASIE KAIRO	133
HEMINGWAY DAIQUIRS	134
HEILIGE KOE PIESANG	135
RUM FARD BOTTER	136
WARM RUM EN SIDER PUNCH	137
WARM VOODOO PAPPA	138
UURGLAS	139
HAMER	140
ORKAAN ANDREW	141
Ysbreker	142
IN PIENK	143
NET ONGELDIG	144

MAI TAI INTERNASIONAAL	145
ISLA GRANDE YSTEE	146
SONONDERGANG-EILAND	147
VOODOO-EILAND	148
ITALIAANSE COLADA	149
JADE	150
SNEEU JAMAICA	151
Jamaikaanse vakansie	152
JAMAICAN SKUD	153
Sonsondergang in Jamaika	154
DIE JAMAIKaanse ONTWAKKING	155
JALOSE MINNAAR	156
JONESTOWN COOL-AID	157
JUMBLE BREW	158
SPRING EN SOEN MY	159
SPRING PIESANG-NANA	160
JONGLE VLAM	161
KAHLU COLADA	162
DROOMSLEUTEL	163
KEY WEST SONG	164
KILLA' COLA	165
MOORDENAAR COLLADE	166
"SLUIT" RITA	167
KINGSTON KOFFIE	168
KINGSTON COSMO	169
KINGSTON SOUR	170
COCO-COLA	171

KON-TIKI	172
SWAAN	173
DAME HAMILTON	174
LAG	175
LIG 'N STOMY	176
LIME FIZZ	177
LIM LUAU	178
DRINK LIMÓN-TERT SKOT MERINGUE	179
LIEFDESDRANKIE	180
LIEFDE STOK	181
LADY LUCKY	182
MALIBU ACCOMPÁÑAME	183
MALIBU NA TAN	184
MALIBU PIESANGKOE	185
MALIBU PIESANG-BESSIE SPLIT	186
MALIBU PIESANG MANGO BREEZE	187
MALIBU PIESANGPADIE	188
MALIBU PIESANGSPLIT	189
MALIBU PIESANG TROPIC-TINI	190
MALIBU PIESANGZINGER	191
MALIBU STRAND	192
MALIBU BLOU LAGOON	193
MALIBU CARIBBEAN	194
MALIBU COCO COLADA MARTINI	195
MALIBU COCO-COSMO	196
MALIBU KOKOS-VRY	197
MALIBU KLAPPERROOM	198

MALIBU KLAPPER VERFRISSER 199

MALIBU SOMER BENODIG 200

MALIBU FRANS SKOP 201

MALIBU MAAGDE-EILAND 202

MALIBU MANGO BAY BREEZE 203

MALIBU MANGO KAMIKAZE 204

MALIBU MANGO-LIME MARTINI 205

SNY MALIBU MANGO 206

MALIBU MARGARITA 207

MALIBU MEGA-NUT 208

MALIBU MEXIKANSE MOEDER 209

MALIBU MIDDERNAGBRIES 210

MALIBU KNUCKLES 211

MALIBU OP DIE STRAND 212

MALIBU ORANJE COLADA 213

MALIBU ORANJE PASSIE 214

MALIBU PASSIEVRUGTE COSMO 215

MALIBU VRUGTESAKE 216

MALIBU PASSIE POPPER 217

MALIBU PASSIETEE 218

KOSMOPOLITIESE PYNAPPEL MALIBU 219

MALIBU PYNAPPEL

2 dele Malibu pynappel rum

½ deel trippel sek

skeut suurlemoensap

sprinkel lemoensap oor

lemoenskyfie vir versiering

Skud met ys en syg in 'n martini-glas. Garneer met 'n sny lemoen.

MALIBU RUM-BAL

2 dele Malibu klapper rum

2 dele spanspek likeur of spanspek puree

MALIBU GROND

3 dele Malibu klapper rum

½ deel amaretto

½ deel pynappel

½ deel vars suurlemoensap

    Bedien oor ys in 'n rotsglas.

MALIBU SOMERREËN

1 deel Malibu klapper rum

1 deel Stoli-vodka

1 deel vars suurlemoensap

2 dele klubsoda

lemmetjieskyf vir garnering

    Sit voor oor ys in 'n lang glas en garneer met 'n lemmetjieskyfie.

MALIBU SUNTAN

1½ ons. Malibu rum

5 ons. ystee

suurlemoendruk

Bedien oor ys.

MALIBU SOET SONDE

1 deel Malibu mango rum

sprinkel suurlemoensap oor

sprinkel bosbessiesap oor

spat Bacardi 151 rum

MALIBU TEQUILA PIESANG

1 deel Malibu Tropiese rum met piesangs

1 deel Tezón Reposado tequila

sprinkel suurlemoensap oor

MALIBU TROPIESE PIESANG SEX-A-PEEL

1 deel Malibu Tropiese rum met piesangs

½ deel Frangelico

½ deel Ierse room

kersies vir garnering

Skud en bedien op die rotse. Garneer met kersies.

MALIBU TROPIESE BREEZE

1 deel Malibu klapper rum

1 deel bloubessiesap

2 dele pynappelsap

skyfie pynappel vir garnering

Sit voor in 'n lang glas en garneer met 'n skyfie pynappel.

TROPIESE ONTPLOFFING MALIBU

2 dele Malibu klapper rum

2 dele pynappelsap

1 deel granaatsap

Bedien oor ys in 'n lang glas.

MALIBU TROPIESE OASIS

2 dele Malibu klapper rum

1 deel amaretto

2 dele vanielje bevrore jogurt

1 deel lemoensap

1 deel pynappelsap

heuningstrepie

Meng en bedien as 'n bevrore skommel.

MALIBU TROPIESE SANGRIA

2 dele Malibu Tropiese piesangrum

2 dele rooiwyn

1 deel 7UP

1 deel lemoensap

vars vrugte vir versiering

kersies vir garnering

Garneer met vars vrugte en kersies.

MALIBU TROPIESE SOUR

1¼ dele Malibu Tropiese piesangrum

¾ deel Hiram Walker suur appel

¾ deel vars suurmengsel

oranje kurktrekker vir versiering

Skud en syg in 'n martini-glas. Garneer met 'n oranje kurktrekker.

TROPIESE MALIBU STYG

1½ dele Malibu Tropical Banana Rum

1 deel lemoensap

1 deel suurlemoen-suurlemoen-soda

kersies vir garnering

Garneer met kersies.

MALIBU VANILLE PIESANG-TINI

1½ dele Malibu Tropical Banana Rum

2½ dele Stoli Vanil vodka

amaretto spat

oranje draai vir versiering

Garneer met 'n lemoendraai.

MALIBU VANILLA DROOM

1 deel Malibu klapper rum

½ deel Stoli Vanil vodka

½ deel pynappelsap

WANA SE MA

1 ons. Cruzan lemoen rum

1 ons. Cruzan piesang rum

Gooi in 'n glas oor ys.

KONING MAMBO

1 ons. Tommy Bahama Wit Sand rum

1 ons. klapper rum

½ ons. Tommy Bahama Golden Sun rum

½ ons. piesang likeur

3 ons. pynappelsap

pynappelspies vir garnering

Skud in 'n pilsnerglas met ys. Garneer met die pynappelspies.

Man eter

1 ons. Whaler's Great White rum

4 ons. coke

½ ons. grenadine

kersies vir garnering

Gooi in 'n skemerkelkieglas oor ys. Garneer met kersies.

BAJITO MANGO

1 ons. Kaptein Morgan gegeur met rum

½ ons. driedubbele sek

3 ons. mango sap

skeut sjampanje

Meng goed met fyngemaakte ys. Sit voor in 'n skemerkelkie of frappé-glas.

MANGO (OF KOEJAVA) DAIQUIRS.

1½ ons. Een vat rum

½ ons. vars uitgedrukte suurlemoensap

¼ onse. eenvoudige stroop

¾ onse. mango nektar (of koejawel nektar)

1 lepel suiker

lemmetjieskyf vir garnering

Skud met ys en syg in 'n verkoelde martini-glas. Garneer met 'n lemmetjieskyfie.

BEVRORS DROOM MANGO

1¼ ons. Kaptein Morgan Parrot Bay Mango Rum

½ ons. amaretto

½ ons. driedubbele sek

2 ons. lemoensap

1 skeppie vanieljeroomys

oranje wiel vir garnering

Meng tot glad met 1 koppie ys en gooi in 'n glas. Dit is versier met 'n oranje wiel.

MADRAS MANGOS

1½ ons. Papegaaibaai Mango Rum

2 ons. bosbessiesap

2 ons. lemoensap

lemoenskyfie vir garnering

Gooi in 'n glas oor ys en roer. Garneer met 'n stukkie lemoen.

SNY MANGOS

1¼ ons. Kaptein Morgan Parrot Bay Mango Rum

1½ ons. margarita mengsel

1½ ons. pynappelsap

¼ onse. orgeat stroop

¼ onse. grenadine

skyfie pynappel vir versiering

gesteelde kersies vir versiering

Skud met ys en gooi in 'n glas. Garneer met pynappelskyfie en stamkersies.

MANGO MAMBO

1½ ons. Hiram Walker Mango Krab

1½ ons. Malibu Tropiese piesangrum

Skud met ys. Bedien reguit in 'n verkoelde martini-glas.

MANGO SPARKLER

¾ onse. Een vat rum

¾ onse. mango nektar

2 ons. Moët Nectar Champagne

Roer met ys en syg in 'n verkoelde sjampanjefluit.

MOJO DINSDAG

1 deel rum Marti Autentico

1 deel pynappelsap

1 deel bloubessiesap

takkie kruisement vir garnering

pynappel vir garnering

Skud goed en bedien in 'n martini-glas. Garneer met 'n takkie vars kruisement en pynappel.

MARY PICKFORD

1½ ons. Puerto Ricaanse wit rum

1½ ons. pynappelsap

sprinkel grenadine

Skud met 1 eetlepel fyngemaakte ys.

VERAL MIAMI

1 ons. Bacardi ligte rum

¼ onse. Hiram Walker White Cream Mint

¾ onse. suurlemoensap of Rose suurlemoensap

Skud en gooi in 'n verkoelde martini-glas.

MILJOENêr

¾ onse. Captain Morgan Oorspronklike gekruide rum

½ ons. piesangroomlikeur

2 ons. lemoensap

1 ons. suur mengsel

½ ons. bar stroop

½ ons. grenadine

Meng eerste vyf bestanddele met 1 koppie fyngemaakte ys tot pap. Voeg die grenadine by en meng 'n bietjie.

DIE MILJOENêr EN SY VROU

1 ons. Malibu mango rum

1 ons. Likeur Alize Red Passion

Sjampanje

suurlemoendraai vir garnering

Skud die eerste twee bestanddele met ys en syg in 'n martini-glas. Top met sjampanje en garneer met 'n suurlemoendraai.

MISSIE VAN WAanzigheid

2 ons. Walvisjager Vanilla Rum

¾ onse. amaretto

2 ons. passie vrugtesap

2 ons. lemoensap

lemmetjieskyf vir garnering

kersies vir garnering

Vul die orkaanglas met ys. Voeg die bestanddele by die shaker en meng goed. Gooi oor ys en garneer met lemmetjiewiggie en kersie.

MO BAAI MARTINI

2 ons. Appleton Estate V/X Rum Jamaika

¼ onse. ekstra droë vermout

olywe vir garnering

Skud met ys en syg in 'n martini-glas. Garneer met olywe.

MOJITO (267 MANGO HANDTEKENINGE)

2½ ons. 267 Mango rum infusie

4 takkies vars kruisement (plus ander vir garnering)

sprinkel sodawater oor

lemmetjieskyf vir garnering

Draai vier takkies vars kruisement in die bodem van 'n glas. Voeg Mango Rum Infusion by met 'n skeut sodawater. Garneer met lemmetjieskywe en verskeie takkies kruisement.

MOJITO (APPEL PEER)

1 deel Bacardi Limón

1 deel Bacardi Big Apple

2 kruisementblare

2 dele pynappelsap

2 dele klubsoda

2 skywe lemmetjie

1 lepel. suiker

Meng die suiker, kruisement en lemmetjieblare in 'n glas en druk goed. Voeg Bacardi Limón, Bacardi Big Apple en pynappelsap by en vul dan af met koeldrank.

MOJITO (BEE)

1 deel Bacardi rum

3 dele klubsoda

12 kruisementblare

sap van ½ suurlemoen

1 lepel. Liefie

kruisement takkies of lemmetjiewiel vir garnering

Sit kruisementblare en fyngemaakte ys in 'n glas. Meng goed met 'n stamper. Voeg suurlemoensap, heuning en Bacardi by; Roer goed deur. Top met klubsoda, roer en garneer met kruisementtakkies of 'n lemmetjiewiel.

MOJITO (BERMUDA GOUD)

2 ons. Gosling's Gold Bermuda rum

6–8 kruisementblare

¼ onse. vars suurlemoensap

1 eetlepel superfyn suiker

½ ons. klub koeldrank

¼ onse. Gosling's Black Seal rum

Klits die suurlemoensap, suiker en kruisementblare in 'n groot outydse glas saam (spaar 'n paar vir garnering), en kneus die kruisement goed. Voeg Gosling's Gold Bermuda Rum en ys by. Top met 'n skeut koeldrank en 'n vlot Gosling's Black Seal rum. Garneer met die oorblywende kruisementblare.

MOJITO (GROOT APPEL)

1 deel Bacardi Big Apple rum

3 dele klubsoda

12 kruisementblare

½ suurlemoen

½ deel suiker

kruisement takkies, lemmetjiewiel of groen appelskywe vir garnering

Plaas kruisementblare, suiker en lemmetjie in 'n glas. Druk goed met 'n stamper. Voeg Bacardi Big Apple-rum by, bo-op met klubsoda, roer goed en garneer met kruisementtakkies en 'n lemmetjiewiel of groen appelskyfie.

MOJITO (LIM BRINLEY)

2 dele Brinley Gold lemmetjie rum

3 dele klubsoda

½ suurlemoen

6 kruisementblare

1 lepel suiker

Druk en meng ½ suurlemoen. Meng met fyngemaakte ys.

MOJITO (COCO RUM)

1 deel Bacardi Coco rum

3 dele suurlemoen-lemmetjie-soda

12 kruisementblare

½ suurlemoen

takkies kruisement vir garnering

Plaas die kruisement en lemmetjieblare in die bottel en druk goed. Voeg rum en koeldrank by en garneer met takkies kruisement.

MOJITO (KOMKOMMER)

1½ ons. 10 riet ron

1 ons. vars uitgedrukte suurlemoensap

1 ons. eenvoudige stroop

8-10 kruisementblare

4 stukke geskilde komkommers

klubkoeldrank op

sny/skil komkommer vir garnering

Sit die eenvoudige stroop, kruisementblare en komkommer onder in 'n lang glas. Druk liggies met 'n modder. Vul met gebreekte ys. Voeg 10 stokke en suurlemoensap by. Meng liggies en vul aan met koeldrank. Dit is versier met 'n skyfie of stokkie komkommer.

MOJITO (gemmer)

1 deel Bacardi rum

3 dele gemmerbier

12 kruisementblare

½ suurlemoen

½ deel eenvoudige suiker

Dieselfde as die oorspronklike Bacardi Mojito, maar gebruik gemmerbier eerder as klubsoda.

MOJITO (DIE GROOT WATERLEMOEN)

1 deel Bacardi Grand Melon rum

3 dele klubsoda

12 kruisementblare

½ suurlemoen

½ deel suiker

takkies kruisement vir garnering

suurlemoenwiggie of waatlemoenskyfie vir garnering

Plaas kruisementblare, suiker en lemmetjie in 'n glas. Druk goed met 'n stamper. Voeg Bacardi Grand Melon-rum by, vul aan met klubsoda, roer goed en garneer met kruisementtakkies en 'n lemmetjiewiel of waatlemoenskyfie.

MOJITO (SUURLEMOEN RUM)

1 deel Bacardi Limón rum

3 dele klubsoda

12 kruisementblare

½ suurlemoen

½ deel suiker

takkies kruisement vir garnering

suurlemoen- of lemmetjiewiel vir garnering

Plaas kruisementblare, suiker en lemmetjie in 'n glas. Druk goed met 'n stamper. Voeg Bacardi Limón-rum by, bedek met klubsoda, meng goed en garneer met kruisementtakkies en 'n lemmetjie- of suurlemoenskyfie.

MOJITO (LAE CAL BACARDI)

1 deel Bacardi rum

3 dele klubsoda

12 kruisementblare

½ suurlemoen

3 pakkies Splenda

takkies kruisement vir garnering

lemmetjieskyf vir garnering

Plaas kruisementblare, Splenda en lemmetjie in bottel. Verwar met stamper. Voeg Bacardi by, dan soda. Meng goed en garneer met takkies kruisement en 'n skyfie lemmetjie.

MOJITO (MALIBU MANGO)

2½ dele Malibu mango rum

½ deel vars suurlemoensap

½ deel eenvoudige stroop

3–4 takkies kruisement (plus ekstra vir garnering)

3 lemmetjieskywe (plus 1 vir garnering)

2–3 spatsels klubsap

Gooi suurlemoensap en eenvoudige stroop in 'n glas. Voeg kruisementtakkies en lemmetjiewiggies by en meng goed. Voeg ys, mango Malibu rum en skeut koeldrank by. Garneer met 'n skyfie lemmetjie en takkies kruisement.

MOJITO (MALIBU PASSIEVRUGTE)

2 dele Malibu passievrug rum

3 lepels. vars suurlemoensap

2 lepels. suiker

klub koeldrank

vars kruisement

MOJITO (MILJOENêr)

1½ ons. 10 riet ron

½ ons. eenvoudige stroop

1 ons. vars uitgedrukte suurlemoensap

8-10 kruisementblare

sprinkel Moët & Chandon sjampanje oor

takkie kruisement vir garnering

Sit die eenvoudige stroop en die kruisementblare in die bodem van 'n lang glas. Druk liggies met 'n modder. Vul met gebreekte ys. Voeg 10 stokke en suurlemoensap by. Roer liggies en vul af met Moët & Chandon sjampanje. Garneer met 'n takkie kruisement.

MOJITO (MALIBU NOCHE BLANCA)

3 dele Malibu klapper rum

1 deel vars suurlemoensap

1 deel eenvoudige stroop

1 deel klubsoda

8 kruisementblare

lemmetjiewiel vir garnering

Sit voor in 'n Collins-glas. Garneer met 'n lemmetjiewiel.

MOJITO (O)

1 deel Bacardi O rum

3 dele klubsoda

12 kruisementblare

½ suurlemoen

½ deel suiker

takkies kruisement vir garnering

lemmetjie- of lemoenwiel vir garnering

Plaas kruisementblare, suiker en lemmetjie in 'n glas. Meng goed met 'n stamper. Voeg Bacardi O-rum by, bedek met klubsoda, meng goed en garneer met kruisementtakkies en 'n lemmetjie- of lemoenwiel.

MOJITO (BACARDI ORIGINAL)

1 deel Bacardi rum

3 dele klubsoda

12 kruisementblare

½ suurlemoen

½ deel suiker

kruisement takkies of lemmetjiewiel vir garnering

Plaas kruisementblare, suiker en lemmetjie in 'n glas. Meng goed met 'n stamper. Voeg Bacardi by, bedek met klubsoda, meng goed en garneer met kruisementtakkies of 'n lemmetjiewiel.

MOJITO (ROOI PERSE RUM)

1 deel Bacardi Peach Rooi rum

3 dele klubsoda

12 kruisementblare

½ perske

½ deel suiker

takkies kruisement vir garnering

perskeskyf vir garnering

Plaas kruisementblare, suiker en perskes in 'n glas. Druk goed met 'n stamper. Voeg Bacardi Peach Red rum by, vul aan met klubsoda, roer goed en garneer met kruisementtakkies en 'n perskeskyf.

MOJITO (SONNY'S)

½ suurlemoen, in skywe gesny

2 lepels. suiker

½ ons. Schnapps Chateaux met kruisement

1 ons. Bacardi Superior rum

ys

klubkoeldrank op

lemmetjiewiel vir garnering

Meng die suurlemoen en suiker in die bodem van 'n 8 oz. glas. Voeg brandewyn, ys en Bacardi by. Top met klubsoda en garneer met 'n lemmetjiewiel.

MOJITO (SPICY)

1½ ons. Flor de Cana ekstra droë rum verouder 4 jaar

2 1-duim blokkies waatlemoen

1 sny jalapeño

10 vars kruisementblare

¾ onse. vars suurlemoensap

½ ons. eenvoudige stroop

1½ ons. klub koeldrank

waatlemoen driehoek vir garnering

sny jalapeño vir garnering

takkie kruisement vir garnering

Voeg die jalapeno-skyfie in 'n mengglas by, gevolg deur die waatlemoenblokkies. Meng met kruisement. Voeg Flor de Cana ekstra droë 4-jaar-oue rum, eenvoudige stroop en suurlemoensap by. Voeg ys by en skud. Syg oor vars ys in 'n hoëbalglas en bedek met koeldrank. Integreer club soda met bar lepel. Garneer met waatlemoendriehoek, jalapeño-skyfie en kruisementtakkie.

MOJITO
(TRADISIONELE/KUBAANS)

1 ons. Bacardi ligte rum

1 lepel. suiker

1 lepel. suurlemoensap

6-duim takkie kruisement

ys om te vul

3 ons. klub koeldrank

2 strepies Angostura bitters

Plaas die suiker, suurlemoensap en kruisement in 'n Collins-glas. Druk die kruisementstingel met 'n stamper fyn en meng met sap en suiker. Voeg rum by, bedek met ys en bedek met klubsoda en bitters. Roer goed deur. Geniet dit!

MOJITO (WATERKLUB)

1½ ons. Bacardi ligte rum

½ ons. vars uitgedrukte suurlemoensap

½ ons. vars uitgedrukte suurlemoensap

1 ons. Guarapo (suikerriet uittreksel)

½ ons. Curacao blou

6 kruisementblare

splash club koeldrank

vars kruisement vir versiering

Skud goed met ys. Sit voor in 'n Collins-glas en garneer met vars kruisement.

MOJITO

1½ ons. Pyrat XO Reserve rum

2-3 vars swartbessies, bloubessies en frambose elk

12–14 vars kruisementblare

sap van 1 suurlemoen

1 ons. eenvoudige stroop

spuit sodawater

takkie kruisement vir garnering

gepoeierde suiker vir garnering

Roer kruisement, eenvoudige stroop, wilde bessies en suurlemoensap in 'n 14 oz. highball glas. Vul die glas met fyngemaakte ys en voeg dan die Pyrat XO Reserve-rum by. Roer goed totdat die ys met 1/3 verminder is, bedek dan met nog fyngemaakte ys, roer totdat die buitekant van die bottel begin ryp. Sprinkel sodawater oor en meng nog 'n laaste keer om in te werk. Garneer met twee lang strooitjies en 'n takkie kruisement wat met poeiersuiker bestrooi is.

MOJITO (WINTER)

1½ ons. Rum Anejo Pampero Spesiale rum

¾ onse. vars suurlemoensap

¼ onse. Esdoringstroopgeursel

2 strepies Angostura bitters

6 takkies kruisement

Meng 5 takkies kruisement en bitters in 'n shaker. Voeg Rum Anejo Pampero Especial, lemmetjie- en esdoringstroop by. Laat dit vir 1 minuut sit. Skud kragtig. Syg in 'n dubbele outydse glas oor vars ys. Garneer met die oorblywende kruisement takkie. As dit met warm water gemaak word, word dit 'n toddie.

MOJITO MARTINI

1½ ons. Bacardi Limón

½ ons. vodka met suurlemoen

½ suurlemoen, in kwarte gesny

8 kruisementblare

Vul die martini-glas met gebreekte ys om af te koel. Vul 'n shaker halfvol met gebreekte ys. Voeg die res van die bestanddele by, bedek en roer vir sowat 1 minuut. Verwyder die ys uit die glas en gooi die mojito.

MA SE BLOED

8 snye Red Delicious appels

2 klein lemoene in dun kwarte gesny

12 aarbeie, in skywe gesny

2 dun gesnyde suurlemoene

12 ons. vars uitgedrukte lemoensap

12 ons. vars suurlemoensap

6 ons. eenvoudige stroop

2 kaneelstokkies

8 ons. Pyrat XO Reserve rum

8 ons. Suurlemoene

2 bottels Spaanse rooiwyn

7 OP op

Plaas bo-op bestanddele behalwe 7UP in 'n groot glashouer. Bedek en verkoel oornag. Wanneer gereed om te bedien, gooi dit in 'n kruik oor ys, vul 2/3 van die pad. Voeg gesnyde vars vrugte by en bo-op met 7UP. Roer liggies om te kombineer. Bedien in wynglase oor ys.

SPESIALE AAP

1 ons. swart rum

1 ons. ligte rum

½ ons. piesangs, geskil

2 ons. vanielje/sjokolade roomys

gerasperde sjokolade vir garnering

Sprinkel gerasperde sjokolade oor.

AAPSLEUTEL

1½ ons. Matroos Jerry Spiced Navy rum

pomelosap vir vulsel

Gooi Sailor Jerry Spiced Navy Rum oor ys in 'n Collins-glas. Vul met pomelosap en meng.

MONTEGO MARGARITA

1½ ons. Appleton Estate V/X rom

½ ons. driedubbele sek

2 ons. suurlemoensap of suurlemoensap

1 lepel gebreekte ys

Mengsel. Bedien in 'n lang glas.

MAANSEIL

1 ons. Admiraal Nelson se Framboos Rum

1 ons. Admiraal Nelson se Coconut Rum

1 ons. vodka

1 ons. Arrow pruim jenewer

½ ons. amaretto

2 ons. lemoensap

3 ons. pynappelsap

kersies vir garnering

suurlemoendraai vir garnering

Skud goed en gooi in 'n lang glas oor ys. Garneer met kersies en suurlemoendraai.

DIE MORGANKANON

1¼ ons. Captain Morgan Oorspronklike Gekruide rum

3 ons. pynappelsap

wit kruisement room dryf

Meng die eerste twee bestanddele met ys. Wit Menthe Creme Float. Bedien in 'n lang glas.

MORGAN SE JOLLY ROGER

¾ onse. Captain Morgan Oorspronklike gekruide rum

¾ onse. kaneel-snaps

Bedien as 'n skoot.

MORGAN'S ROOI ROOI

1 ons. Captain Morgan Oorspronklike gekruide rum

½ ons. swartbessie konjak

2 ons. pynappelsap

½ ons. suurlemoensap

Inmeng.

MORGAN'S SPICED RUM ALEXANDER

1 ons. Captain Morgan Oorspronklike gekruide rum

½ ons. kakao room

1 ons. suurroom

gerasperde neutmuskaat om af te stof

Skud en syg in 'n glas. Strooi neutmuskaat oor.

MORGAN SE MAID

¾ onse. Captain Morgan Oorspronklike gekruide rum

¾ onse. amaretto

donker kakaoroom om te dryf

Bedien as 'n skoot.

die knaende Mount Gay

1½ ons. Mount Gay rum

bosbessiesap vir vulsel

spat 7UP

Bedien in 'n lang glas.

MNR. LEK

1 ons. Gosling's Black Seal rum

1 ons. appelkoos likeur

pynappelsap vir vulsel

sprinkel grenadine

Skud oor ys en bedien op die rotse.

MTB en gemmer

1½ dele Malibu Tropical Banana Rum

Gemmer

suurlemoenskyfie vir versiering

Garneer met 'n suurlemoenskyfie.

EK'S SO OPGEWONDE

1 ons. Rom Newfoundland Screech

¼ onse. triple sec of Grand Marnier

2 ons. room of melk

Plaas Newfoundland Screech en triple sec of Grand Marnier oor 'n paar ysblokkies in 'n glas. Bedek met room of melk. Niemand kan jou hoor skree nie...

MYERS SE APPELS

1½ skote Myers-rum

1 sny lemoen

6 ons. warm sider

Meng in 'n hittebestande beker.

MYERS se hittegolf

¾ onse. Myers se oorspronklike donker rum

½ ons. perske snaps

6 ons. pynappelsap

1 skeut grenadine

Gooi die eerste twee bestanddele in 'n glas oor ys. Vul met sap en bedek met grenadine.

MYERS SE POT

2 ons. Myers se rum

1 lepel. Liefie

6 ons. warm water

'n knippie gerasperde neutmuskaat

Roer die heuning en Myers-rum onder in 'n hittebestande beker totdat die heuning oplos. Vul met warm water. Meng tot gehomogeniseer. Strooi neutmuskaat oor. Indien verlang, kan melasse met heuning vervang word.

MYERS SE SUURLEMOEN DRUP

1 skeut Myers-rum

2-3 stukke suiker

sap van ½ suurlemoen

6 ons. warm water

1 kaneelstokkie

In 'n hittebestande beker, klits die suiker, Myers-rum en suurlemoensap saam totdat die suiker oplos. Voeg warm water by. Meng met 'n kaneelstokkie tot goed gemeng.

MYERS'S LOUNGE AKKEDIS

1 ons. Myers se rum

½ ons. Leroux amaretto

cola om te vul

lemmetjieskyf vir garnering

Meng die eerste twee bestanddele in 'n lang glas oor ys. Vul met cola. Garneer met 'n lemmetjieskyfie.

MYERS SE WARM TROPIESE RUM EN KAKAO

16 ons. Myers se rum

4 ons. bittersoet warm sjokolade

sjokolade bedekte aarbeie vir garnering

Gooi in 'n beker en bedek met geskeer donkersjokoladekrulle. Garneer met sjokolade-bedekte aarbeie.

MYERS RUMBOTTEL

1 skeut Myers-rum

8 ons. kola-gegeurde warm drankie

suurlemoenskyfie vir versiering

Roer liggies in 'n glas of hittebestande beker. Garneer met 'n suurlemoenskyfie.

MYERS SE RUM GESIG

2 ons. Myers se rum

1 lepel suiker

6 ons. Warm tee

½ ons. driedubbele sek

skeut neutmuskaat

Meng die eerste vier bestanddele in 'n hittebestande beker. Strooi neutmuskaat oor.

MYERS'S RUM VAKANSIEGROG

1 ons. Myers se rum

4 ons. vars, warm appelcider

dun gesnyde suurlemoen- en lemoenwiggies, besaai met naeltjies vir garnering

Gooi in 'n beker. Garneer met suurlemoen- en lemoenwiele.

MYERS'S RUM VAKANSIENOG

4 ons. Myers se rum

1 liter laevet gesmelte vanieljeroomys

maraschino kersies vir garnering

takkies kruisement vir garnering

Meng in 'n groot bak en verkoel. Gooi in sjampanje-flutes en garneer elkeen met 'n maraschino-kersie en 'n takkie vars kruisement. Bedien van 6 tot 8.

MYERS SE RUM PUNCH PLANTER'S

1¼ ons. Myers se rum

3 ons. lemoensap

sap van ? suurlemoen of lemmetjie

1 eetlepel superfyn suiker

skeut grenadine

lemoenskyfie vir versiering

maraschino kersies vir garnering

Skud of meng tot skuimerig. Bedien oor geskeerde ys in 'n hoëbalglas. Garneer met lemoenskyfie en maraschino-kersie.

MYERS SE RUM HAAIBYT

1¼ ons. Myers se rum

lemoensap vir vulsel

sprinkel Rose se grenadine

Gooi die Myers-rum in 'n glas oor ysblokkies. Vul met lemoensap en voeg 'n skeut Rose grenadine by.

MYERS'S RUM SONSKYN KOKTAIL

1¼ ons. Myers se rum

2 ons. lemoensap

2 ons. Pomelosap

½ teelepel. superfyn suiker

dash Angostura bitters

kersies vir garnering

Skud met ys tot skuimerig en syg in 'n hoëbalglas oor geskeerde ys. Garneer met kersies.

MYERS SE SIZZLER

1 skeut Myers-rum

1 lepel. kakaopoeier

1 lepel. suiker

1 koppie gebrande melk

versoete room bo-op

kitskoffie of kakaopoeier vir besprinkeling

Meng kakao en suiker in 'n hittebestande beker. Voeg warm melk en Myers-rum by. Roer totdat die kakao oplos. Bedek met geklopte room en sprinkel kitskoffie of kakao oor.

MYRTLE BANK PUNCH

1¼ ons. Captain Morgan Oorspronklike gekruide rum

¼ onse. grenadine

1 ons. suurlemoensap

1 lepel suiker

¼ onse. kersie likeur

kersies vir garnering

lemoenskyfie vir garnering

Gooi die eerste vier bestanddele in 'n 10 oz. glas oor gebreekte ys. Voeg kersielikeur by en garneer met kersies en lemoenskywe.

MARINA GROG

½ ons. Matroos Jerry Spiced Navy rum

½ ons. vodka

½ ons. tequila

½ ons. driedubbele sek

1 ons. amaretto

1 ons. lemoensap

1 ons. pynappelsap

1 ons. bosbessiesap

lemoenskyfie vir versiering

kersies vir garnering

Roer met ys en gooi in 'n orkaanglas. Garneer met lemoenskyfie en kersie.

NEON

5 ons. Kaptein Morgan Parrot Bay Coconut Rum

1 ons. Black Haus braamkrap

3 ons. pynappelsap

Bedien oor ys.

NEWFOUNDLAND NIGHT-CAP

1¼ ons. Rom Newfoundland Screech

1-2 teelepels. bruinsuiker

koffie om te vul

geklopte room bo-op

Gooi die eerste twee bestanddele in 'n koppie koffie. Vul met koffie en roer. Bedek met geklopte room. Neem haar saam met jou bed toe!

NILLA COLA

1 ons. Walvisjager Vanilla Rum

5 ons. coke

lemmetjieknyp

lemmetjieskyf vir garnering

Gooi in 'n skemerkelkieglas oor ys. Garneer met 'n lemmetjieskyfie.

NINETINES

1 ons. Angostura 1919 Rum Premium

½ ons. curacao oranje

2 ons. soet-suur mengsel

½ teelepel. suiker

4 lyne Angostura aromatiese bitters

Skud.

NUFF RUM

2 ons. Wray & Nephew rum

3 ons. Stones gemmerwyn

½ ons. Limoncello

½ ons. perskestroop

3 strepies Angostura bitters

vars appelsap om te dryf

lemoenskil vir versiering

suurlemoenskil vir garnering

Bou in 'n outydse glas oor ysblokkies en roer. Garneer met lemoenskil en suurlemoen.

NYOTA (SWAHILI VIR STER)

3 ons. Starr Afrikaanse rum

1½ ons. acerola puree

Champagne Llopart Rosa Cava

geel kersie vir versiering

Skud die eerste twee bestanddele met ys en syg in 'n martini-glas. Top met Llopart Rosa Cava of ander sjampanje. Garneer met 'n geel kersie.

OU BERMUDA

1½ ons. Gosling's Gold Bermuda rum

6 kruisementblare

2 bitter strepe

½ ons. suurlemoensap

½ ons. eenvoudige stroop

¼ onse. Sjampanje

lemmetjiedraai vir garnering

Meng die kruisementblare in 'n shaker half gevul met ys. Voeg Gosling rum, bitters, suurlemoensap en eenvoudige stroop by. Skud goed en gooi in Collins glas. Top met sjampanje. Garneer met 'n lemmetjiedraai.

"EENGROOT" KOKSTAIL.

1½ ons. Een vat rum

½ ons. Grand Marnier

½ ons. mango nektar

¼ onse. vars uitgedrukte suurlemoensap

sny mango vir versiering

Skud met ys en syg in 'n verkoelde martini-glas. Garneer met 'n sny mango.

ORANJE WATERLEMOEN

1 ons. Bacardi O rum

4 ons. lemoensap

2 ons. Gemmer

1 ons. Bacardi Select rum

lemoenskyfie vir versiering

kaneelstokkie vir garnering

Gooi die eerste vier bestanddele in 'n wynglas. Draai Bacardi Select-rum bo-op. Garneer met 'n lemoenskyfie en 'n kaneelstokkie.

ORANJE COLADA

2 ons. Cruzan lemoen rum

1 15 ons. miskien Coco Lopez regte klapperroom

4 ons. pynappelsap

4 ons. lemoensap

Meng met 4 koppies ys.

OORSPRONKLIKE PIÑA COLADA

2 ons. Ligte Puerto Ricaanse rum (of probeer Captain Morgan Parrot Bay Coconut Rum vir 'n ander kinkel)

1 ons. Coco Lopez regte klapperroom

1 ons. suurroom

6 ons. vars pynappelsap

skyfie pynappel vir garnering

maraschino kersies vir garnering

Meng vir 15 sekondes met ½ koppie fyngemaakte ys. Gooi in 'n 12 oz. glas. Garneer met pynappelskywe en maraschino-kersies. Voeg 'n rooi strooi by. Wenk: Vir die beste tropiese smaak, gebruik altyd vars pynappelsap, nooit ingemaakte of versnitte nie.

GOUD & SODA

2 ons. Oronoco rum

koeldrank spat

lemmetjieskyf vir garnering

Gooi Oronoco-rum in 'n rotsglas oor ys. Sprinkel koeldrank oor en roer. Garneer met 'n lemmetjieskyfie.

ORO COSMO

2 ons. Oronoco rum

1 lepel. Grand Marnier

1 lepel. bosbessiesap

1 lepel. suurlemoensap

lemmetjiedraai vir garnering

Skud oor ys en syg in 'n verkoelde martini-glas. Garneer met 'n lemmetjiedraai.

ORO GIMLET

2 ons. Oronoco rum

2 skywe lemmetjie

2 ons. suurlemoensap

tonikum spat

koeldrank spat

skeut eenvoudige stroop

lemmetjieskyf vir garnering

Meng die lemmetjieskywe in 'n shaker. Voeg Oronoco-rum, lemmetjiesap en eenvoudige stroop by en skud kragtig met fyngedrukte ys. Syg in 'n Collins-glas oor ysblokkies. Top met gelyke spatsels tonikum en koeldrank. Garneer met 'n lemmetjieskyfie.

GOUD OP DIE ROTSE

2 ons. Oronoco rum

lemmetjieskyf vir garnering

Gooi die Oronoco in 'n kort rotsglas oor ysblokkies. Garneer met 'n vars gesnyde suurlemoenskyfie.

DIE ANDER VROU

1 ons. Admiraal Nelson se Premium vanielje rum

1 ons. wit koeldrank

spat cola

kersies vir garnering

Gooi in 'n skemerkelkieglas en garneer met 'n kersie.

GOSLING SE ORANJESIDER MARTINI

3 ons. Gosling's Gold Bermuda rum

1 eetlepel kaneel-suiker mengsel

oranje veer

3 ons. koud gekookte sider

¼ onse. lemoensap

¼ onse. Hulle bestaan saam

oranje draai vir versiering

Gooi kaneel-suiker in 'n bak. Vryf die lemoenskyf om die rand van 'n martiniglas en doop die rand in kaneelsuiker. Skud oorblywende bestanddele oor ys en dreineer in 'n gerande martini-glas. Garneer met 'n lemoendraai.

DRUIWE PUNTS

1¼ ons. Bacardi ligte rum

druiwesap vir vulsel

suurlemoen- of lemmetjieskyf

Gooi Bacardi Light Rum in 'n lang glas oor ys. Vul met druiwesap en voeg 'n drukpie limoen of suurlemoen by.

SPRINKINNE

1 ons. Bacardi ligte rum

¼ onse. Hiram Walker Mint Green Cream

½ ons. room

    Meng met fyngemaakte ys.

GRAFDELWERS

½ ons. Stroch 80 rum

½ ons. Malibu rum

½ ons. Midori

3 ons. pynappelsap

    Bedien oor ys in 'n lang glas.

DIE GROOT WIT

1 ons. Whaler's Great White rum

1 ons. bosbessiesap

4 ons. lemoensap

suurlemoenskyfie vir garnering

Gooi die bestanddele in 'n skemerkelkieglas oor ys. Garneer met 'n suurlemoenskyfie.

DIE GROEN AAP

1½ ons. Malibu Tropiese piesangrum

¾ deel spanspek likeur

1½ ons. vars suur

1½ ons. pynappelsap

Skud met ys. Bedien oor ys.

Die GROEN papegaai

1½ ons. Appleton Estate V/X rom

4 ons. lemoensap

1 ons. Curacao blou

lemoenskyfie vir versiering

Gooi die bestanddele, een op 'n slag, in die volgorde hierbo, in 'n groot gesteelde glas oor ys. Dit meng nie. Garneer met 'n sny lemoen.

GUAYAVITA

1½ ons. Flor de Caña Grand Reserve 7 jaar oue rum

1 ons. koejawel pulp

2 ons. suur mengsel

Skud en bedien op die rotse.

Gelukkige einde' GILLIGAN

1 ons. Malibu Coconut Rum

1 ons. Malibu mango rum

1 ons. Malibu tropiese piesangrum

½ ons. bosbessiesap

½ ons. pynappelsap

kersies vir garnering

Skud met ys en bedien op die rotse. Garneer met kersies.

HARDE HOED

1¼ ons. Bacardi Silwer rum

1¼ ons. vars suurlemoensap

1 lepel suiker

¼ onse. Rose se grenadine

klubkoeldrank om te vul

Skud die eerste drie bestanddele met ys en syg in 'n 10 oz. glas. Vul met koeldrank.

HAVANA PIESANG FIZZ

2 ons. ligte rum

2½ ons. pynappelsap

1½ ons. vars suurlemoensap

3–5 druppels Peychaud se bitters

1/3 piesang, in skywe gesny

bitter suurlemoensoda om te vul

Meng die eerste vyf bestanddele. Top met bitter lemmetjiesoda.

HAVANA SYCAR

1½ ons. Puerto Ricaanse goue rum

¾ onse. suurlemoensap

¾ onse. driedubbele sek

Meng met 3-4 ysblokkies.

VERAL HAVANA

2 ons. wit rum

1 lepel. maraschino kersie likeur

½ teelepel. suiker

1 ons. suurlemoensap of suurlemoensap

Skud en bedien op die rotse.

HAWAAISE MARGARITA

1½ ons. Bacardi ligte rum

1 ons. pynappelsap

¼ onse. suurlemoensap of suurlemoensap

¼ onse. grenadine

klubkoeldrank op

    Gooi die eerste vier bestanddele in 'n glas en bedek met klubsoda.

HAWAIAANSE HULA

1½ dele Malibu Tropical Banana Rum

¾ deel koejawel nektar

¾ deel vars suurmengsel

oranje kurktrekker vir versiering

Skud en syg in 'n martini-glas. Garneer met 'n oranje kurktrekker.

HAWAIAANSE NAG

1 ons. Bacardi ligte rum

¼ onse. Hiram Walker Kersie Gegeurde Cognac

pynappelsap vir vulsel

    Gooi Bacardi Light Rum in 'n lang glas half gevul met ys. Vul met pynappelsap en dryf kersiegegeurde brandewyn bo-op.

HAWAAISE PLANTASIE KAIRO

1½ ons. Pyrat XO Reserve rum

½ ons. Sitron likeur

1½ ons. vars soet en suur

½ ons. eenvoudige stroop

½ sny geskilde pynappel

Gemmer

takkie kruisement vir garnering

gekristalliseerde gemmer vir garnering

    Roer die eerste vyf bestanddele. Vul aan met gemmerbier en gooi dan in 'n glas oor ys. Garneer met 'n takkie vars kruisement en gekristalliseerde gemmer.

118

HEMINGWAY DAIQUIRS

1½ ons. 10 riet ron

½ ons. Luxardo maraschino kersie likeur

1 ons. vars uitgedrukte pomelosap

½ ons. vars uitgedrukte suurlemoensap

½ ons. eenvoudige stroop

lemmetjiewiel vir garnering

swart kersies vir garnering

Meng al die bestanddele in 'n mengglas. Voeg ys by en skud kragtig. Syg in 'n verkoelde skemerkelkieglas. Garneer met 'n lemmetjiewiel en 'n swart kersie op 'n toetspen.

HEILIGE KOE PIESANG

1 ons. Shango rum

1 ons. piesangroom

1½ ons. room

skeut grenadine

piesangskyfie vir versiering

gerasperde neutmuskaat vir garnering

    Skud met fyngemaakte ys en sif in 'n glas. Top met 'n sny piesang en strooi liggies neutmuskaat oor.

RUM FARD BOTTER

1 ons. Whaler's Vanille Rum, per porsie

1 koppie suiker

1 koppie bruinsuiker

1 koppie botter

2 koppies vanieljeroomys

¾ koppie kookwater, per porsie

gerasperde neutmuskaat vir garnering

Meng die suikers en botter in 'n 2-kwartkastrol. Kook oor lae hitte, roer totdat die botter smelt. Meng die gaar mengsel met die roomys in 'n groot bak en klits teen medium spoed tot glad. Hou in die yskas vir tot 2 weke of gevries vir tot 'n maand. Vir elke porsie, vul ¼ van 'n koppie met die mengsel en voeg 1 oz by. Whaler's Vanille Rum en ¾ koppie kookwater. Strooi neutmuskaat oor.

WARM RUM EN SIDER PUNCH

1 bottel (750 ml) Don Q ligte rum

½ liter appelcider

naeltjies vir garnering

suurlemoenskywe vir garnering

kaneelstokkies vir garnering

Gooi die Don Q Light Rum in 'n bak en voeg die warm appelmoer by. Inmeng. Garneer met suurlemoenskywe vas met naeltjies. Voeg 'n kaneelstokkie by elke koppie pons om die geur te verbeter. Poort 12.

WARM VOODOO PAPPA

1 ons. VooDoo gekruide rum

½ ons. snaps met botter

5 ons. warm sjokolade

geklopte room bo-op

Meng die eerste drie bestanddele in 'n beker en bedek met geklopte room.

UURGLAS

1½ ons. Admiraal Nelson premium gekruide rum

4 ons. lemoensap

sprinkel grenadine

    Bedien oor ys.

HAMER

1 ons. Admiraal Nelson premium gekruide rum

1 ons. Kafee Lolita koffie

2 skeppies vanieljeroomys

Roer met fyngedrukte ys en sit voor in 'n sierglas.

ORKAAN ANDREW

1 ons. Cockspur Vyfster gekleurde rum

1 ons. Cockspur wit rum

1 ons. orgeat stroop

1 ons. passie vrugtesap

3 ons. lemoensap

½ ons. suurlemoensap

maraschino kersies vir garnering

lemoenskyfie vir versiering

Skud goed met ys en gooi in 'n verkoelde orkaanglas. Garneer met maraschino-kersies, 'n lemoenskyfie en 'n sambreel.

Ysbreker

½ ons. Myers se oorspronklike donker rum

¼ onse. noia room

¼ onse. konjak

¼ onse. gin

2 ons. suurlemoensap

1 ons. lemoensap

    Skud.

IN PIENK

1¼ ons. Myers se oorspronklike rumroom

1 ons. Coco Lopez regte klapperroom

1 eetlepel grenadine

Meng met ys.

NET ONGELDIG

¾ onse. Captain Morgan Oorspronklike gekruide rum

¾ onse. suurlemoensap

1 eetlepel eenvoudige stroop

3 ons. klub koeldrank

Gooi die rum, sap en stroop oor ys in 'n glas. Inmeng. Voeg die koeldrank by en meng liggies.

MAI TAI INTERNASIONAAL

½ ons. Malibu rum

½ ons. Myers se oorspronklike donker rum

½ ons. rum

1 lepel orgeat-stroop

2 ons. pynappelsap

2 ons. soet-suur mengsel

Meng met ys. Bedien in 'n lang glas.

ISLA GRANDE YSTEE

1½ ons. Puerto Ricaanse swart rum

3 ons. pynappelsap

3 ons. onversoete gebrou ystee

suurlemoen- of lemmetjieskyf vir garnering

Gooi in 'n lang glas met ys. Garneer met 'n skyfie suurlemoen of lemmetjie.

SONONDERGANG-EILAND

1 ons. Rum Whaler's Rare Reserve

1 ons. Whaler's Great White rum

1 lepel. passievrugstroop

2 teelepels suurlemoensap

skeut grenadine

lemmetjieskyf vir garnering

Skud en gooi in 'n verkoelde glas oor ys. Garneer met 'n lemmetjieskyfie.

VOODOO-EILAND

1½ ons. VooDoo gekruide rum

1½ ons. RedRum

2 ons. koejawel sap

2 ons. mango sap

½ ons. vars suurlemoensap

½ ons. vars suurlemoensap

Roer met ys en sit voor in 'n lang glas.

ITALIAANSE COLADA

1½ ons. Puerto Ricaanse wit rum

¾ onse. soet room

¼ onse. Coco Lopez regte klapperroom

2 ons. pynappelsap

¼ onse. amaretto

Roer met 1 eetlepel fyngemaakte ys.

JADE

1½ ons. Puerto Ricaanse wit rum

¾ onse. suurlemoensap

1 lepel. suiker

driedubbele sek

dash green creme de menthe

Skud. Bedien oor ys.

SNEEU JAMAICA

1¼ ons. rum

½ ons. Curacao blou

2 ons. Coco Lopez regte klapperroom

2 ons. pynappelsap

Meng met 2 koppies ys.

Jamaikaanse vakansie

11/3 ons. Appleton Estate V/X Rum Jamaika

½ perske (geskil of ingemaakte)

sap van ½ suurlemoen

1 lepel suiker

stukkie perske vir garnering

Roer met 1 eetlepel fyngemaakte ys. Sit voor in 'n skemerkelkieglas. Garneer met 'n stukkie perske.

JAMAICAN SKUD

1 skoot van Myers se oorspronklike donker rum

½ skoot gemengde whisky

2 ons. melk of room

    Meng met ys.

Sonsondergang in Jamaika

2 ons. Wray & Nephew rum

2 ons. bosbessiesap

3 ons. vars uitgedrukte lemoensap

Skud al die bestanddele met ys en sif in 'n ysgevulde Collins-glas.

DIE JAMAIKaanse ONTWAKKING

1½ ons. Appleton Estate V/X Rum Jamaika

warm swart koffie om te vul

geklopte room bo-op

Gooi Appleton Estate V/X Jamaica Rum in 'n koffiebeker. Vul met koffie en bedek met geklopte room.

JALOSE MINNAAR

2 ons. Starr Afrikaanse rum

3 groot aarbeie

½ ons. vars suurlemoensap

½ ons. pynappelsap

¾ onse. eenvoudige stroop

Roer aarbeie by. Skud met ys en syg in 'n martini-glas.

JONESTOWN COOL-AID

2 ons. RedRum

½ ons. pynappelsap

½ ons. bosbessiesap

Skud met ys. Sit voor as 'n skemerkelkie of skote.

JUMBLE BREW

1 ons. Cruzan klapper rum

1 ons. Cruzan pynappel rum

3 ons. lemoensap

lemmetjieknyp

    Meng die eerste drie bestanddele en voeg 'n drukpie lemmetjie by. Gooi in 'n lang glas oor ys. Versier met 'n eksotiese blom.

SPRING EN SOEN MY

½ ons. Sea Wynde rum

½ ons. Galliano likeur

½ ons. Appelkooslikeur van Marie Brizard

dash Dr Swami & Bone Daddy die fynproewers soetsuur versnit

lemoensap

pynappelsap

Skud die eerste vyf bestanddele met ys en syg in 'n Collins-glas. Top met lemoensap en pynappelsap.

SPRING PIESANG-NANA

1/3 koppie Cruzan piesang rum

1 med. piesang

1 lemmetjie, uitgedruk

1 lepel. heuning of fyn gepoeierde suiker

1 eetlepel vanielje-ekstrak

skyfie pynappel vir garnering

kersies vir garnering

Meng met 2 koppies fyngemaakte ys tot glad. Gooi in 'n gesteelde glas en garneer met 'n pynappelskyfie en 'n kersie.

JONGLE VLAM

2 ons. Starr Afrikaanse rum

vars suurlemoenskyfie

¼ onse. eenvoudige stroop

suurlemoen-lemmetjie-soda

Sny die suurlemoen en plaas stukke in 'n blender met ys, African Starr rum en stroop. Gooi in 'n hoëbalglas. Top met suurlemoen-lemmetjie-soda.

KAHLU COLADA

½ ons. rum

1 ons. Coco Lopez regte klapperroom

2 ons. pynappelsap

1 ons. Kahl

Meng met 1 koppie ys.

DROOMSLEUTEL

1½ ons. ligte rum

¾ onse. Roos suurlemoensap

2 skeppies vanieljeroomys

    Meng met ys.

KEY WEST SONG

1¼ ons. Captain Morgan Oorspronklike gekruide rum

1 ons. klapperroom

2 ons. lemoensap

Meng tot glad met 1 koppie ys en gooi in 'n glas.

KILLA' COLA

2 ons. Whaler's Killer Coconut Rum

½ ons. Hipnotiq

4 ons. coke

kersies vir garnering

Gooi in 'n skemerkelkieglas oor ys en garneer met 'n kersie.

MOORDENAAR COLLADE

3 ons. Whaler's Killer Coconut Rum

3 lepels. klappermelk

3 lepels. fyngemaakte pynappel

skyfie pynappel vir garnering

2 kersies vir versiering

Meng op hoë spoed met 2 koppies fyngemaakte ys. Gooi in 'n verkoelde orkaanglas en garneer met pynappelskywe en kersies.

"SLUIT" RITA

2 ons. Whaler's Killer Coconut Rum

1 ons. driedubbele sek

1 ons. pynappelsap

½ ons. klappermelk

spring op die rand van die bottel

maraschino kersies vir garnering

Maak 'n margarita-glas af met sout. Roer en gooi in 'n margaritaglas oor ys. Garneer met maraschino-kersies.

KINGSTON KOFFIE

4 ons. vars gebroude koffie

1 ons. Myers se rum

geklopte room

donkersjokoladepoeier vir besprinkeling

kaneelstokkie vir garnering

Gooi die eerste twee bestanddele in 'n koffiebeker of beker. Bedek met geklopte room en sprinkel donkersjokoladepoeier bo-oor. Garneer met 'n kaneelstokkie.

KINGSTON COSMO

2 ons. Appleton Estate V/X Rum Jamaika

½ ons. Hulle bestaan saam

sprinkel bosbessiesap oor

lemmetjieknyp

Gooi die eerste twee bestanddele in 'n glas. Top met bosbessiesap en 'n drukkie suurlemoen.

KINGSTON SOUR

1½ ons. Wray & Nephew rum

vars peerskyfie (plus nog een vir garnering)

½ ons. appelsap

½ ons. appelkoos konjak

skeut suurmengsel

1/8 ons. cassis room

Meng die eerste drie bestanddele en skud dan kragtig met al die ander bestanddele oor ys. Syg in 'n hoëbalglas gevul met ys. Garneer met 'n sny peer.

COCO-COLA

1½ ons. Cruzan klapper rum

2 ons. sjiffon

druk lemmetjie uit

Roer met ys en sit voor op die rotse.

KON-TIKI

1½ ons. Sewe Tiki rum

2 ons. mango nektar

2 ons. bosbessiesap

skeut absint

Gooi in 'n hoëbalglas met ys. Inmeng.

SWAAN

3 ons. Malibu rum

3 ons. pynappelsap

1 ons. melk of vanieljeroomys

Meng met ys.

DAME HAMILTON

1½ ons. Rum Pusser

1 eetlepel vars suurlemoensap

Gelyke dele:

   passie vrugtesap

   lemoensap

   Gemmer

LAG

1½ ons. Cockspur Old Gold rum

1 ons. suurlemoensap

1 lepel suiker

3-4 kruisementblare

klubkoeldrank op

Meng die suurlemoensap, kruisement en suiker in 'n Collins- of hoëbalglas. Roer liggies om die kruisement te kneus. Vul die glas ¾ vol met ys. Voeg Cockspur Old Gold rum by. Bedek met koeldrank. Roer goed deur.

LIG 'N STOMY

2 ons. 10 riet ron

3-4 onse. gemmerbier

½ ons. vars uitgedrukte suurlemoensap

lemmetjieskyf vir garnering

versuikerde gemmer vir garnering

Vul 'n glas ¾ vol met ys. Meng al die bestanddele en meng. Garneer met 'n skyfie lemmetjie en versuikerde gemmer.

LIME FIZZ

2 ons. Brinley goue lemmetjie rum

3 ons. club soda (of suurlemoen-lemmetjie soda as jy dit soeter hou)

1 sny lemmetjie

Gooi die eerste twee bestanddele in 'n glas. Druk uit en garneer met 'n lemmetjieskyfie.

LIM LUAU

1 ons. Whaler's Big Island Banana Rum

2 ons. vodka

skeut suurlemoensap

skeut lemoenstroop

Roer met ys en sit voor in 'n skemerkelkieglas.

DRINK LIMÓN-TERT SKOT MERINGUE

2 ons. Bacardi Limón rum

1 ons. Disaronno Originale amaretto

gepoeierde suiker

gereed-vir-gebruik geklopte room (verkieslik ingemaakte)

Laat iemand poeiersuiker op jou tong strooi, drink dan 'n drankie van Bacardi Limón bo-op Disaronno amaretto, maar moenie sluk nie. Laat iemand geklopte room in jou mond spuit, dan sluk en sluk 'n klein snytjie tert.

LIEFDESDRANKIE

1 ons. rum

½ ons. piesang likeur

½ ons. driedubbele sek

1 ons. lemoensap

1 ons. pynappelsap

lemoenskyfie vir versiering

skyfie pynappel vir versiering

piesangskyfie vir versiering

Garneer met lemoene, pynappel en piesangskywe.

LIEFDE STOK

2 ons. Cockspur Vyfster gekleurde rum

1 ons. Cockspur wit rum

½ ons. driedubbele sek

1 ons. pynappelsap

1 ons. lemoensap

1 ons. suurlemoensap

¾ onse. vrugtestroop

Skud goed met ys. Gooi in 'n lang glas.

LADY LUCKY

¾ onse. Bacardi ligte rum

¼ onse. Hiram Walker Anys

¼ onse. Hiram Walker Wit Kakaoroom

¾ onse. room

MALIBU ACCOMPÁÑAME

2 dele Malibu klapper rum

1 deel Hiram Walker triple sec

sprinkel vars suurlemoensap oor

MALIBU NA TAN

1 deel Malibu klapper rum

1 deel wit kakaoroom

2 skeppies vanieljeroomys

Meng met ys en bedien in 'n spesiale glas.

MALIBU PIESANGKOE

1½ deel room

1 deel Malibu Tropiese rum met piesangs

1 deel Malibu klapper rum

skeut grenadine

gerasperde neutmuskaat vir besprinkeling

piesangskywe vir garnering

Skud en syg in 'n skemerkelkieglas. Sprinkel neutmuskaat oor en garneer met piesangskywe.

MALIBU PIESANG-BESSIE SPLIT

1 deel Malibu Tropiese rum met piesangs

1 deel Stoli Razberi-vodka

suurlemoensap

eenvoudige stroop

Skud met ys en bedien in 'n glas.

MALIBU PIESANG MANGO BREEZE

1 deel Malibu Tropiese rum met piesangs

1 deel Malibu mango rum

1 deel vars suur mengsel

1 deel bloubessiesap

MALIBU PIESANGPADIE

1 deel Malibu Tropiese rum met piesangs

1 deel Kahlúa

sprinkel kruisement-snaps oor

MALIBU PIESANGSPLIT

1 deel Malibu Tropiese rum met piesangs

amaretto spat

kakao room spat

geklopte room vir garnering

kersies vir garnering

Garneer met geklopte room en 'n kersie.

MALIBU PIESANG TROPIC-TINI

1½ dele Malibu Tropical Banana Rum

½ deel perske-snaps

klontjie mangopuree

spatsels passievrug-nektar

kersies vir garnering

Skud en bedien as 'n martini. Garneer met 'n kersie.

MALIBU PIESANGZINGER

2 ons. Malibu Tropiese piesangrum

2 lepels suurlemoenserbet

2 ons. suur mengsel

suurlemoenskyfie vir garnering

Meng in blender met 2 koppies ys. Garneer met suurlemoenskywe. Maak 2 drankies.

MALIBU STRAND

1½ ons. Malibu rum

1 ons. Smirnoff vodka

4 ons. lemoensap

Bedien oor ys.

MALIBU BLOU LAGOON

1 deel Malibu klapper rum

4 dele pynappelsap

¾ deel blou curacao

MALIBU CARIBBEAN

3 dele Malibu klapper rum

1 deel Martel brandewyn

½ deel pynappel

½ deel vars suurlemoensap

suurlemoenskyfie vir garnering

Bedien op die rotse. Garneer met 'n suurlemoenskyfie.

MALIBU COCO COLADA MARTINI

3 dele Malibu klapper rum

1 deel Hiram Walker triple sec

½ deel Coco Lopez regte klapperroom

½ deel vars suurlemoensap

lemmetjieskyf vir garnering

Sit voor in 'n martini-glas. Garneer met 'n lemmetjieskyfie.

MALIBU COCO-COSMO

2 dele Malibu klapper rum

spat trippel sek

strooi granaatsap oor

sprinkel bosbessiesap oor

skeut suurlemoensap

lemmetjiedraai vir garnering

Skud met ys en syg in 'n martini-glas. Garneer met 'n lemmetjiedraai.

MALIBU KOKOS-VRY

1 deel Malibu klapper rum

3 dele cola

lemmetjieskyf vir garnering

Bedien oor ys in 'n lang glas. Garneer met 'n lemmetjieskyfie.

MALIBU KLAPPERROOM

2 dele Malibu klapper rum

1 eetlepel bevrore vanieljejogurt

lemoensap vir vulsel

Gooi die eerste twee bestanddele in 'n glas en vul met lemoensap. Inmeng. Bedien as 'n drywende drankie. Dit kan ook in 'n blender gemeng word en as 'n skommel bedien word.

MALIBU KLAPPER VERFRISSER

2 dele Malibu klapper rum

2 dele suurlemoen-lemmetjie-soda

1 deel suurlemoensap

Bedien oor ys in 'n lang glas.

MALIBU SOMER BENODIG

2 dele Malibu Tropiese piesangrum

1 sny suurlemoen

1 sny lemmetjie

piesangskywe vir garnering

Druk die suurlemoene en lemmetjies fyn. Voeg Malibu Tropical piesangrum by. Skud en syg in 'n martini-glas. Garneer met piesangskywe.

MALIBU FRANS SKOP

1 deel Malibu rum met passievrug

spat Martell konjak

sprinkel suurlemoensap oor

bedruip met eenvoudige stroop

MALIBU MAAGDE-EILAND

2 dele Malibu klapper rum

½ deel perske likeur

½ deel amaretto

MALIBU MANGO BAY BREEZE

2 dele Malibu mango rum

1½ deel bloubessiesap

1½ deel pynappelsap

MALIBU MANGO KAMIKAZE

1 deel Malibu mango rum

1 deel Stoli sitrus vodka

½ deel trippel sek

¾ deel vars suurlemoensap

MALIBU MANGO-LIME MARTINI

1½ dele Malibu mango rum

1½ dele Stoli Vanil vodka

1 deel suurlemoensap

1 deel eenvoudige stroop

SNY MALIBU MANGO

2 dele Malibu mango rum

1 deel lemoensap

1 deel pynappelsap

sprinkel suurlemoensap oor

bedruip met eenvoudige stroop

¼ onse. swart rum

Gooi die eerste vyf bestanddele in 'n glas en dryf donker rum versigtig bo-oor.

MALIBU MARGARITA

1¼ dele Malibu klapper rum

1 deel Tezon tequila

½ deel blou curacao

½ deel vars suurlemoensap

1½ dele versoete suurlemoensap

Skud die inhoud in 'n mengglas met ys en syg in 'n spesialiteitsglas met ys. Garneer met 'n lemmetjieskyfie.

MALIBU MEGA-NUT

2 dele Malibu klapper rum

skeut haselneutlikeur

suurlemoen-lemmetjie-soda

gerasperde klappervlokkies vir garnering

Gooi die eerste twee bestanddele in 'n lang glas met ys en vul aan met lemmetjie-lemmetjiesoda. Garneer met gerasperde klappervlokkies.

MALIBU MEXIKANSE MOEDER

1 deel Malibu klapper rum

½ deel Kahlúa koffie likeur

½ deel wit kruisement room

1½ dele swaar room

Skud met ys en dreineer in 'n glas oor gebreekte ys. Garneer met 2 kruisementblare.

MALIBU MIDDERNAGBRIES

1 deel Malibu klapper rum

½ deel Malibu Tropiese rum met piesangs

1 deel blou curaçao

pynappelsap vir vulsel

Bou met ys. Kan geroer of gelaag gelaat word.

MALIBU KNUCKLES

1 deel Malibu klapper rum

3 dele cola

sprinkel suurlemoensap oor

lemmetjieskyf vir garnering

Sit voor in 'n Collins-glas. Garneer met 'n lemmetjieskyfie.

MALIBU OP DIE STRAND

1 ons. Malibu rum

½ ons. Baileys Irish Cream

Bedien as 'n skoot.

MALIBU ORANJE COLADA

1½ ons. Malibu rum

1 ons. driedubbele sek

4 ons. Coco Lopez regte klapperroom

MALIBU ORANJE PASSIE

1 deel Malibu rum met passievrug

1 deel Stoli-vodka

2 dele lemoensap

MALIBU PASSIEVRUGTE COSMO

1 deel Malibu rum met passievrug

1 deel Stoli Vanil vodka

1 deel tonikumwater besprinkel met bosbessiesap

MALIBU VRUGTESAKE

1 deel Malibu rum met passievrug

1 deel Stoli-vodka

½ deel sake

besprinkel passievrugpuree

MALIBU PASSIE POPPER

1 deel Malibu rum met passievrug

spat cola

sprinkel kersiesap oor

Skud met ys en sif in 'n glas.

MALIBU PASSIETEE

1 deel Malibu rum met passievrug

2 dele ystee

1 deel suurlemoen-suurlemoen-soda

lemmetjieskyf vir garnering

Bedien oor ys in 'n lang glas. Garneer met 'n lemmetjieskyfie.

KOSMOPOLITIESE PYNAPPEL MALIBU

1½ dele Malibu pynappel rum

¾ deel Hiram Walker trippel sek

¾ deel vars suurlemoensap

¾ deel bloubessiesap

lemmetjieskyf vir garnering

Skud in 'n mengglas met ys en syg in 'n verkoelde skemerkelkieglas. Garneer met 'n lemmetjieskyfie.

www.ingramcontent.com/pod-product-compliance
Lightning Source LLC
Chambersburg PA
CBHW070412120526
44590CB00014B/1361